太喜歡歷史了！

給中小學生的輕歷史

9

明

明

日月

文：羅燦
繪：蔣講太空人（時代背景）
Ricky（衣食住行，歷史事件）

時代背景

漢族政權重新崛起

十四世紀中葉，元朝統治末期，朝廷各派互相攻伐，各地頻頻發生水旱災害，天下混亂。農民朱元璋趁亂崛起，擊敗其他農民領袖，一路打敗元朝，建立了明朝。

明初以來，糧食生產更趨專業，工商業持續發展，市鎮增多，呈現一片繁榮景象。人們閒暇時讀讀小說、畫畫山水……生活娛樂越來越豐富。

造船與航海尤其發達，鄭和七次下西洋，將大明王朝的國威遠揚海外。然而，到了明朝中後期，宦官專權，政治腐敗，國力也就逐漸衰退。諷刺的是，明朝是靠農民起義開國，又因農民起義走向滅亡。

衣食住行

生活在明朝

衣

在明朝，不論男女，都喜歡穿長衫。女性穿的「衫」，是一種寬大的長裙，並且喜歡在裙衫外面再套一件過膝的長背心。

明朝晚期，女性流行穿「水田衣」。這是一種由碎布片拼接而成的長裙，看起來確實像把一塊塊水田拼接在一起。「水田衣」在唐朝就已出現，明朝加以改造，碎布片的形狀和顏色更加豐富，成為時尚裝束。

頭巾和帽子是不可或缺的，巾帽樣式特別多，而且每一種都有特定的名字。「一統河山巾」（網巾）和「六合一統帽」（瓜皮小帽），是當時最流行的兩種。根據巾帽的款式，可以判斷一個人的身分地位。

食

明朝的城市周邊，許多農民專門種菜，生產的蔬菜種類繁多，像是白菜、胡蘿蔔、萵苣、水芹菜、茄子、韭菜、木耳等等，都是明朝餐桌上常見的蔬菜。

明朝中後期，海外貿易頻繁，玉米、番薯（地瓜）、落花生、馬鈴薯（土豆）等原產自美洲的食物，陸續傳入中國。菸草也在明朝末年傳入。由於菸草有藥用的功效，所以起初只是做為藥材種植，後來吸食菸草逐漸蔚為風氣。

住

房屋建築普遍使用磚砌，百姓也能住上磚瓦房子，而且室內陳設完備，立櫃、盆架、衣架、桌子、交椅、板凳、床，是百姓家裡的尋常家具，不再是奢侈品。

北京四合院

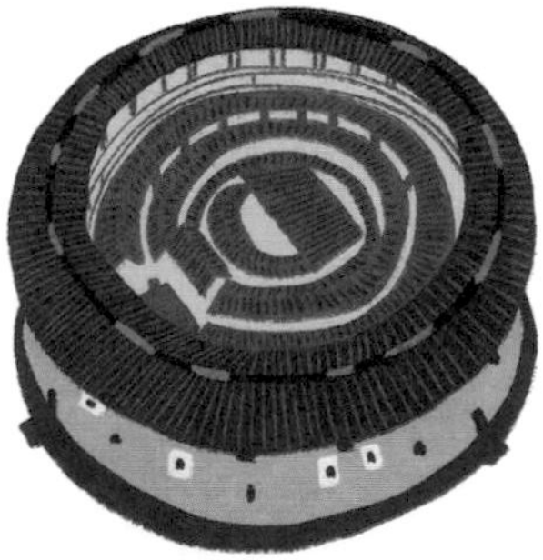
福建圓形土樓

徽派住宅

當然，不同區域的建築物，在建築風格、樣式、建材、功能各方面，都有顯著差異。例如現在還能看到的北京傳統四合院、安徽的白牆青瓦徽派住宅、福建的圓形土樓，就是幾種不同風土環境下的典型建築。

行

造船業與航海技術，在明朝時候發展至巔峰！當時的水路交通網十分發達，江南地區，人們外出常用一種叫做「夜航船」的交通工具。之所以叫「夜航船」，是因為它裝載客貨並代為傳遞信物，於夜間航行。可想而知，明朝的水上交通相當繁忙！

歷史事件01

平民皇帝
朱元璋建立的帝國

從農民到皇帝

歷代君王中，明朝開國皇帝朱元璋可能是出身最寒微的。十六歲那年，朱元璋的家鄉發生嚴重饑荒與瘟疫，父母、大哥相繼死去，全家僅有他與二哥一家三口倖存。為了謀生，年輕的朱元璋只好到老家附近的皇覺寺當和尚，做些雜活。然而，就連寺廟也缺糧食，不久，朱元璋就被迫離開寺廟，流浪討飯。

當朱元璋四處行乞的時候，外面的世界也不太平。朝廷腐敗，人禍加上天災，人民只能起來反抗。幾年後，朱元璋家鄉的農民起義，領頭的正是他未來

◀早年，朱元璋曾流離失所，
甚至四處乞討。

大事記

世界

中國

1368年，元順帝撤出大都，明朝建立

1370年，設科舉制度

約1371年，鄭和出生

的岳父，名叫郭子興。朱元璋投奔起義軍，屢建奇功，後來郭子興去世，朱元璋便繼承了部隊指揮權。

從小過著貧窮漂泊的生活，朱元璋有過人的膽識和謀略。他領導的部隊紀律嚴明，越戰越勇。帶領部下征戰十幾年後，他已穩穩佔據長江流域的地盤。一三六八年，朱元璋一舉攻破元朝都城——大都，在南京建立明朝。曾經最寒微的乞丐，成為一國之君，這一年他四十歲。

坐穩江山的手段

明太祖朱元璋登上皇位後，蒙古人退回草原，但總歸是潛在的威脅，不能置之不理。而明朝在南方的地盤，也只有東南的半壁江山。等到最終統一全國時，朱元璋已年過六十，這個時候，他最需要考慮的是如何讓子孫坐穩江山。

朱元璋從不輕易信任他人，他將二十四個兒子和一個孫子分封在全國各地，給他們兵權，讓他們保衛國家、監督地方官吏。因為害怕朝臣的權力過大，造成威脅，他又給了藩王「清君側」的權力：如果有奸臣把持朝政，可以直接出兵制止。朱元璋沒有想到的是，這些鞏固皇權的措施，卻埋下了皇室骨肉相殘的禍根。

安排好兒孫後，朱元璋又盯上跟隨自己打天下的功臣。他心裡琢磨著，自己年事已高，皇太孫又還小，若不將這些權臣的勢力清除，辛苦得到的皇權，很可能輕易就被他人奪去。於是，他以「謀反」為藉口斬殺功臣。丞相胡惟庸、涼國公藍玉，都因「謀反」罪名被殺，他們的家人也無一倖免，共四萬五千多人株連被殺。這兩起「謀反」案件，幾乎殺盡了明朝的開國功臣，這就是歷史上有名的「胡藍之獄」。自胡惟庸之後，朱元璋乾脆廢除丞相職位，讓丞相以下的六部官員直接聽命於皇帝。這麼一來，天下可真就是朱元璋一個人的了！

大事記

世界

1378年，義大利佛羅倫斯梳毛工人起義

中國

1380年，明太祖罷中書省，廢除丞相制度

1382年，明太祖設錦衣衛

明朝的特務

每當朱元璋出宮祭祀或巡遊，都能看到大批衣著華麗的侍衛，秩序井然的跟在皇帝的車轎兩旁。這些隨行侍衛，來自一個特殊機構——錦衣衛。每逢祭祀、巡遊等重要的日子，錦衣衛的長官身穿御賜的飛魚服（衣服上繡神話動物「飛魚」，有著龍首、四爪、魚尾巴），腰佩繡春刀，帶領侍衛隨行，護衛在皇帝左右。他們不僅僅是皇帝出行的儀仗隊，更是朱元璋控制群臣的得力助手。

朱元璋特許錦衣衛可以隨時出動，刺探大臣的一言一行，一旦大臣有任何威脅皇權和朝廷的言行，就抓起來審訊甚至處決。錦衣衛就像是一個專門為皇帝服務的特務機構。哪個大臣在朝堂之上惹皇帝不高興了，就有可能被拖出午門，由錦衣衛施行「廷杖」，也就是用大木棍打屁股！輕則皮開肉綻，重則當場死亡。「胡藍之獄」一案，四萬五千多個大臣、部將及家眷被誅殺，也與錦衣衛有關。可想而知，在明朝做官，必定是做得膽戰心驚！

▼坐擁天下的朱元璋，開始分封子孫，
把他們派到全國各地去。

一三八七年，朱元璋下令廢除錦衣衛，然而到了明成祖朱棣即位後，又重新恢復設置。錦衣衛也就成了明朝獨有、長期設置的特務機構。

▶明朝的錦衣衛長官，身穿飛魚服，腰佩繡春刀。

歷史事件02

「削藩」計畫引發叔侄大戰！

朱元璋非常喜愛他的兒子朱標，可惜這位太子英年早逝。太子去世後，朱元璋不想將皇位傳給其他皇子，打算直接傳給朱標的兒子朱允炆。朱元璋死後，朱允炆於二十一歲繼任皇位。朱元璋的第四個皇子朱棣（ㄉㄧˋ）對此心存不滿。但這是先帝的遺願，誰也不敢違逆。

朱允炆就是明惠宗，他雖然欠缺治國經驗，但是初生之犢不畏虎，他並不認同祖父朱元璋的專制和獨斷，他想改善百姓的生活，當一個仁慈的皇帝。朱允炆有三位心腹大臣，分別是黃子澄、齊泰、方孝孺，都是滿腹經綸的有志之士。在這三位大臣支持下，朱允炆大刀闊斧的進行改革。他們改變了朱元璋的

嚴酷法律與過度集權，減輕了百姓的徭役負擔。不過，這些改革措施，在某些人眼中，是違背祖制的做法。

朱允炆剛被立為儲君時，就感受到了來自皇叔的壓力。那時他只有十五歲，而他的叔父們兵權在握，可以指揮軍隊，又鎮守四方多年，任何一位叔父一旦想要興兵

◀朱允炆登上皇位時，只有二十一歲。

大事記

世界

1400年，「英國詩歌之父」傑弗里·喬叟去世

中國

1398年，朱允炆即位，
開始「削藩」

奪權，都難以反制。於是他想到的最好辦法是先發制人，在皇叔們尚未發難前，先壓制他們。所以，朱允炆即位後，馬上進行「削藩」計畫。

所有叔父中，最令朱允炆忌憚的是四皇叔朱棣，因此他決定先將其他五位年長且佔據重要封地的藩王一一廢除。五位藩王被廢後，朱允炆認為，是時候向權勢最大的四皇叔朱棣「動手」了。

歷史事件03

國威遠揚海外的皇帝登場啦！

奪位之戰

朱棣自然不會輕易被年紀輕輕的侄兒扳倒。在朱允炆開始削藩時，朱棣便一步步想好了對策。朱棣對外宣稱，朱允炆公然削除藩王的頭銜，撤掉藩王的兵力，完全背離朱元璋「分封建制」的初衷，而這一切，都是朱允炆受到身邊三位心腹大臣所慫恿，這不就是奸臣擅政嗎？這種情況下，藩王當然有義務「清君側」了！

有了藉口，朱棣打著「奉天靖難」的旗號，意思是遵守天命，為皇帝掃平

奸臣，在一三九九年起兵。這次的奪位行動，被稱為「靖難之役」，前後持續三年，最後朱棣獲勝。朱棣大軍進入南京時，都城一片混亂，皇宮裡莫名起了大火，朱允炆的皇后葬身火海，而朱允炆則下落不明。

明成祖遷都

朱棣佔領南京後，改年號為永樂，成為明朝第三位皇帝，也就是明成祖。在奪位之前，朱棣是駐守北方的藩王之一，被封燕王，以北平（今北京）為封地。後來，受朱允炆削藩的影響，北方的邊防十分薄弱，早年被朱元璋趕跑的蒙古人這時又蠢蠢欲動，常常南下侵擾。因此，朱棣登基後的一件大事，就是將都城遷到北平，並把北平改稱北京。歷史證明，遷都措施，確實有助於鞏固邊防與管轄全國，「永樂遷都」因而被形容為「天子守國門」。

1408年，《永樂大典》抄寫完成

明朝初建時，朱元璋為了牢牢掌權，廢除了丞相與中書省，將所有權力集中在自己手中，但是這樣一來，沒有人幫皇帝看奏摺、處理政務。來自全國各地的奏摺，每個月至少幾千件，皇帝一人每天要處理幾百件事情，就算是有三頭六臂，也忙不過來呀！

如何既能減輕皇帝的工作負荷，又能確保權力不旁落？朱棣想出一個兩全其美的辦法。他選拔一些自己信任的官員，組成「內閣」，協助審閱奏摺。這些官員只能參與討論國事，並不能像宰相一樣決定國

◀「靖難之役」，皇宮莫名起了一場大火。

大事記

世界
1401年，英議會通過火焚異教徒法令

中國
1402年，朱棣攻陷南京，即帝位
1405年，鄭和第一次下西洋

家大事如何處理。於是一個國事諮詢機構就正式成立了。

超級百科全書誕生

除了遷都北京與組建內閣，還有一件事情，也是朱棣念茲在茲的，那就是修書。朝廷內外官員，對他篡奪皇位多少心存芥蒂，朱棣心中明白，絕不能任由這種言論傳播。為此，他一面讓自己的心腹大臣重修明太祖實錄，證明自己是合法的皇位繼承人；一面讓文官編修書籍，藉此拉攏他們。而且，做為盛世君主，一定要編纂出一本前所未有的大書，才足以流芳百世。朱棣的計畫是修一套百科全書，它必須收錄明朝一切現存的經典文獻。

1415年，葡萄牙人攻佔摩洛哥休達，這是歐洲人在非洲的第一個殖民據點

1419年，捷克人民反對外來入侵者的解放戰爭胡斯戰爭爆發

1421年，朱棣正式宣布定都北平，以北平為京師

▼明成祖朱棣將都城從南京遷到北京。

大事記

世界

1409年，托勒密的《地理學指南》被譯成拉丁文，自此「地圓說」漸行於歐洲

中國

1413年，明「十三陵」中最早的明成祖長陵建成

一四〇三年，朱棣將這項工作交由解(ㄒㄧㄝˋ)縉負責，很快就在第二年編成，取名《文獻大成》。然而朱棣並不滿意，下令進行大規模重修，直到一四〇七年才定稿，一四〇八年抄寫完成。成書共有兩萬兩千八百七十七卷，收錄將近八千種經典文獻。朱棣這才滿意，以自己的年號命名，賜名《永樂大典》。

▼朱棣讓文官編纂集大成的《永樂大典》。

歷史事件04

鄭和遠渡西洋，走過哪些地方？

明成祖朱棣是極富野心的皇帝。即位之後，他幾次親征北方的蒙古，重建長城防線，又吞併安南國（今越南），恢復與日本、朝鮮的友好關係。不僅如此，他還有一項更宏大的計畫，就是派人出使西洋，擴大明朝在海外的影響。

當時的西洋，概念與現在不同。鄭和船隊經過的地區，包括今天的南中國海、麻六甲海峽、孟加拉灣和印度洋北部，涵蓋東南亞、印度、阿拉伯半

▼鄭和與他的寶船。之所以叫「寶船」，有下西洋尋寶的意思。

島、東非等地。至於誰來幫助他完成這個使命，他心目中已有不二人選。早在朱棣還是燕王時，一個十歲左右的小宦官被指派去侍奉他，侍奉了十幾年，並曾跟隨他征戰沙場，有過人的軍事才能。更重要的是，這個能幹的宦官，在朱棣起兵發動「靖難之役」時大顯身手，幫助朱棣成功登基。這個宦官名叫馬文和，後來被朱棣賜姓「鄭」，改名鄭和。

鄭和從一四〇五年起，前後二十八年，代表朝廷在茫茫大海中奔波，積極與海外各國建交。每到一個地方，鄭和需要做的事，就是向當地國王誦讀大明皇帝的詔書，表達大明皇帝想與對方建立邦誼、友好往來，並向國王贈送禮物。

為了確保航行順利，朱棣下令為鄭和建造當時世界上最大的木帆船，取名「寶船」。寶船上有海軍、翻譯、醫生、工匠等，一共兩萬多人，載有中國的名貴絲綢、刺繡等特產。一切準備就緒後，鄭和率領多達兩百多艘船的船隊，浩浩蕩蕩的從今天江蘇省太倉的劉家港出發。

鄭和的船隊，擁有當時世界上最先進的商船與戰船，又有充足的人力配備，但途中並非一帆風順。第一次遠航，途經麻六甲海峽時，就遭遇海盜搶劫。搶劫他們的是一個海盜集團，領頭的是一個頗有實力的中國海盜。只不過，在從小跟隨朱棣征戰沙場的鄭和眼中，這個海盜集團不足為懼。勸降不成，鄭和隨即發動海戰，將海盜一舉擊潰，把頭目也捉拿起來。

第一次下西洋，鄭和船隊的使命是到達古里國。古里是當時印度洋海上貿易重鎮，也就是今天的印度西南部。此前，古里國王曾頻頻向明朝進貢珍貴禮物，來而不往非禮也，於是朱棣特派鄭和船隊，代表自己向古里國王及王公贈送禮物，表達感謝之情。

返航途中，鄭和順便訪問了暹羅（今泰國），隨後在爪哇（今爪哇島）修整船隊。不巧的是，爪哇此時正陷於內戰，爪哇國的兩個國王——東王和西王，打得不可開交。鄭和對此並不知情，照常派船員上岸進行貿易。戰亂中，鄭和的一百七十多名船員被西王誤殺，鄭和因此打算興兵討伐。西王聽說鄭和要攻打他，趕忙派遣使臣向鄭和謝罪，賠償了黃金萬兩。鄭和調查，船員確實是被

誤殺，這才打消動武的計畫。此後，爪哇國非常敬畏明朝，時常朝貢。

經過幾次遠航，大明王朝聲名遠播，不少海外國家都想一睹大明王朝的風采。這正合朱棣的心意。一四一五年八月，鄭和第四次遠航結束之後，共有十幾個國家派遣使臣到明朝進貢稱臣。隨後的第五次和第六次遠航，主要就

是護送這些使臣回國。

　　這場大航海運動，歷時近三十年。鄭和遠渡印度洋，向非洲、亞洲國家帶去了中國的絲綢、陶瓷、茶葉等名貴特產，又從這些地方帶回了中國所沒有的獅子、豹、鴕鳥、斑馬、犀牛、長頸鹿等奇珍異獸。有一次，榜葛剌國（今孟加拉）進貢了

▼鄭和遠航歸來，帶回許多中國沒有的動物。

一隻長頸鹿，朱棣特意命令書法家沈度，將這個稀罕的祥瑞之物畫下來，取名《瑞應麒麟圖》。

直到明成祖朱棣去世，航海行動仍持續進行。這一系列航海行動，比漢朝的張騫出使西域走得更遠，誠如明成祖所願，大大宣揚了大明王朝的國威。在當時外國人眼中，中國有著最先進的航海技術，軍事實力無可匹敵。此後兩百餘年，明朝再沒有組織船隊遠航，中國海洋帝國的名聲也漸漸被淡忘。

大事記

世界

1431年，聖女貞德被燒死

中國

1433年，鄭和在第七次下西洋歸國途中去世

▶ 明成祖朱棣沒有見過長頸鹿，以為牠就是傳說中的「麒麟」。

歷史事件05

內閣與司禮監，角色發生了什麼變化？

明成祖朱棣數次北伐，加上蒙古自身內亂，無暇南下侵擾，因此明朝北方邊境暫時處於安定狀態，其他鄰國則繼續朝貢。接下來的仁宗與宣宗時期，歷史上認為是一段過渡時期，但是這短短十一年的歷史，仍然值得一提，因為明朝內閣與司禮監的角色，在這個時期悄悄發生改變。

還記得明成祖為了減輕皇帝的工作量，而成立內閣嗎？內閣中有三位重要人物——楊士奇、楊榮、楊溥，他們從建文帝時就入朝為官，在永樂年間品級不高。然而他們在仁宗朱高熾繼位的過程中出力很多，被任命為高官。到了宣宗朱瞻基在位時，「三楊」已經是幾朝元老、朝廷重臣，他們領導並掌控內閣，

◀明宣宗在皇宮內設置
內書堂。

處理國家大小事務。明朝的內閣，第一次有了處理國家大事的實權。

在「三楊」盡心輔佐下，國家政事有條不紊。但是，內閣權力越來越大，宣宗擔心無法控制內閣，於是開始物色可以壓制內閣的人選。他環顧四周，一直在身邊服侍的宦官，才是他最信任的人！宦官從小入宮服侍國君，受過嚴格訓練，深諳宮中大小瑣事。宣宗認為先讓宦官學會讀書識字，以後就能幫他處理公務。

宣宗在宮內設置內書堂，做為專門給宦官上課的地方，由指定的翰林學士來授課。而後，宣宗開始讓司禮監的宦官制約內閣官員。所有的奏章都由司禮監轉呈皇帝，再交給內閣批覆，再由司禮監呈給皇帝決定。這個小小的舉動，在當時看來，並沒有造成什麼大問題，但長遠來看，卻導致明朝發展出一種奇怪的政治格局，內閣與司禮監的權力都在無形中擴大，最後竟不可收拾了。

歷史事件06

輕鬆解決的內憂與外患

明宣宗朱瞻基即位後，他的皇叔漢王朱高煦ㄒㄩˇ就開始謀畫推翻他，取而代之，如同他的父親朱棣在二十多年前推翻朱允炆那樣。

朱高煦的謀畫，宣宗也知道，只不過他並不希望皇室內亂，因而一再忍讓。但是，朱高煦絲毫不領情，在一四二六年起兵造反，宣宗率兵親征。令人意外的是，宣宗的兵馬一到，朱高煦竟不戰而降。這場叛亂輕易就平定了。

在邊疆，最大的不安定因素就是安南的「降而復叛」。安南在漢唐時期還是中國的一部分，北宋時期，成為一個獨立的國家，不時侵佔中國領土。明成祖朱棣於一四二五年派兵打敗安南國王黎氏父子，將安南納入明朝版圖。但是，不久後，安南再次叛亂。

到了宣宗時，安南更加反明，而且竟然與明朝地方官員私下簽訂和議，讓他們脫離明朝管轄。朝廷在毫不知情的情況下，收到了這個令人震驚的消息。朝臣都認為宣宗應該出兵攻打安南，但是宣宗並不好戰，他認為維持國家正常運作更為重要。儘管有些大臣強烈反對，宣宗仍然做出放棄安南的決定。

正因為宣宗以國家的安定為優先，百姓可免遭戰爭侵擾，生活確實得到改善。歷史上稱這短暫的過渡時期為「仁宣之治」。

原來是這樣啊

無法複製的宣德爐

明宣宗閒暇之餘，喜歡把玩香爐。即位不久，就下令利用從暹羅進口的「風磨銅」、從日本進口的「倭鉛」以及紅銅，製作香爐。當時，一般上等香爐，需要經過六次燒煉，而宣宗特製的香爐，需要用金、銀、銅等貴重材料燒煉十二次，煉成之後，質地細緻光滑。這批精品製成後，隨即就封爐停鑄了。後來，就算再請當時的工匠重新煉造，也而難以做出一模一樣的了。因此，宣德爐因其精巧的工藝、稀少的數量，成為世界聞名的文物。

▼鑄造宣德爐，需要用
金、銀、銅等貴重材料
燒煉十二次。

歷史事件07

兩度登基的鬧劇

明宣宗朱瞻基早逝，英宗朱祁鎮年僅八歲便登基當了皇帝，是明朝第一位幼帝。從明朝開國皇帝朱元璋，到朱祁鎮的父親朱瞻基，這期間的五位皇帝都是成年後才即位，誰也沒想到會出現幼帝登基的局面。起初，太皇太后、內閣大臣、司禮監三股勢力，都能影響幼帝。後來，太皇太后、內閣重臣相繼去世，司禮監就成了唯一能夠影響皇帝的勢力了。太監王振是司禮監的首領，獨攬重權。此後，宦官擾亂朝政的情況日益嚴重。

1446年，朝鮮頒布朝鮮文字

1449年，土木堡之變，明英宗朱祁鎮被俘

土木堡之變：一場軍事鬧劇

宦官專權形成內部隱憂，而周邊形勢也發生變化。北方的蒙古瓦剌部首領也先，雖然照常向明朝進獻馬匹，私下卻在為恢復元朝做準備。一四四九年，也先朝貢馬匹，王振削減馬價，也先藉機翻臉，兵分三路，大舉南下攻明。

正當朝廷大臣商討如何應對的時候，王振提議讓英宗御駕親征。王振此舉，完全是出於私心。他急於保護自己北方家鄉的大片田地，以防被瓦剌軍隊侵佔。英宗年輕氣盛，充滿冒險精神，又對王振言聽計從，輕易就被鼓動。

王振帶著年少的皇帝與倉促成軍的五十萬兵馬，意氣風發向前線去了。剛一出城，軍隊就因為大雨而被困在泥濘中。這時，文官武將紛紛向王振提議：「天氣惡劣，為了確保皇上安全，還是先將

大事記

世界 1441年，葡萄牙人首次俘獲十名非洲黑人，奴隸貿易自此開始

中國 1435年，王振掌司禮監，明朝宦官亂政自此開始

皇上護送回宮，由武將率軍前往戰場吧！」王振大手一揮，斷然拒絕了。畢竟讓皇帝親征是他出的主意，這時候把皇帝送回去，顏面無光，更何況調動了五十萬大軍，怎麼都是必勝無疑。

無可奈何，只能繼續往前。直到大隊人馬抵達屍橫遍野的前線，毫無作戰經驗的王振，這才感到大事不妙，倉皇下令撤軍。這時候回頭，為時已晚。緊接著，當他們在土木堡（今河北懷來）稍事休息時，被迅速趕來的瓦剌軍隊逮個正著。明軍大敗，數十位隨行文武大臣戰死，英宗也被瓦剌人俘虜。

這場軍事鬧劇就是「土木堡之變」，明朝原本健全的財政基礎，自此由盛轉衰，罪魁禍首王振，在亂軍之中被憤怒的明朝將領殺死。

1455年，英國玫瑰戰爭爆發

▲「土木堡之變」，明英宗被瓦剌人俘虜了。

大事記

世界
1451年，義大利佛羅倫斯育嬰院建成
1452年，德國教皇尼古拉斯五世發布公牛證書，使殖民奴隸貿易合法化

中國
1450年，英宗朱祁鎮獲釋

應對變局 擁立新帝

瓦剌人僅憑兩萬騎兵，就打敗了明朝的五十萬大軍，還俘虜了大明的皇帝，這是瓦剌人怎麼都沒有想到的。瓦剌首領也先決定，拿被俘的皇帝做為籌碼，跟明朝朝廷談條件。表面上，也先是想討一筆贖金，實際上，他的目標是滅掉明朝。

英宗被俘的消息傳回北京，朝廷頓時陷入一片混亂，一面籌措贖金，一面爭論：是不是該把朝廷遷到南京？北京周圍的守軍已不到十萬，一旦瓦剌軍隊攻打北京，極有可能守不住都城。一些官員甚至偷偷將家眷與財產遷往南方。這時候，兵部侍郎于謙站出來，力主留守北京抵抗。于謙的主張得到太后及多數朝臣支持，這才穩住了局面。

既然決定留守北京抵抗，而英宗又被扣留在瓦剌，勢必要有新皇帝來主持大局。此時，英宗的長子只有兩歲，顯然不是合適人選。最適合的，當屬英宗同父異母的弟弟郕（ㄔㄥˊ）王朱祁鈺。就這樣，朱祁鈺在朝臣擁護下順利登基，成為明朝第七位皇帝明代宗。

明朝立了新皇帝，英宗朱祁鎮的價值頓時喪失。也先再拿英宗來要挾，已經得不到明朝回應了。一氣之下，也先帶著英宗向北京進攻。在于謙領導下，明軍成功退敵，迫使瓦剌人退回塞外。

成語講堂

兩袖清風

兩個衣袖中，除了清風以外，再沒有任何東西了。用來比喻做官清廉。

古代的衣服沒有口袋，但是袖子特別寬大，用來放些零碎物品。官員如果貪汙，就把受賄的錢財偷偷放進衣袖。于謙為官清廉，從不貪汙受賄，衣袖一直是空的。

廢帝二度登基

進攻北京失敗之後，也先若是繼續扣押英宗，沒有任何好處。於是，他為英宗舉辦一場盛大的歡送會，將他送回北京。但是代宗已在緊急情況下，代替英宗坐上皇位主持大局，英宗成了沒有實權的太上皇，與他的皇后、皇子，被軟禁在偏僻的南宮，受到監視。時間就這麼過了七年。

一四五七年，代宗突然染上重病，無法上朝。一批文臣武將趁此機會，帶著禁軍趕到南宮，直接將英宗護送到皇宮，重新登基稱帝，改年號為「天順」，史稱「奪門之變」。由於英宗之前被禁錮在南宮，這是第二次登上皇位，所以又被稱為「南宮復辟」。英宗重新掌權，廢掉代宗朱祁鈺。天順一朝，延續了七年。

原來是這樣啊

金花銀

金花銀是成色十足、有金花的上好銀兩。古代的農業社會，田賦是國家財政收入最主要來源。明朝之前，百姓上繳田賦，大都繳交實物，例如夏天繳麥子，秋天繳穀米。由於路途遙遠，運送辛苦，在大臣周忱建議下，一四三六年起，改用銀兩代替實物，繳納田賦。

皇家觀象臺

還記得元朝受命編製《授時曆》的天文學家郭守敬嗎？當年郭守敬在全國設了二十七個天文觀測點，其中一處便設在元的都城大都（今北京），可惜後來毀於元末戰爭。明英宗時期，重新修建了這座觀測臺，從建成之日起，這座皇家觀象臺一直使用到一九二九年，連續觀測天文近五百年。

歷史事件08

「曇花一現」的太平盛世！

英宗朱祁鎮為長子朱見深（明憲宗）精心安排了十二位輔政大臣，不久就駕崩了。在這些大臣輔佐下，明朝維持穩定發展。然而，朱見深的童年經歷，讓他極度缺乏安全感，這也間接導致明朝衰落。

為什麼明朝開始衰落？

明英宗在土木堡之變被俘，讓朱見深的生活發生翻天覆地的變化。父親兩度登上皇位，他也兩度成為太子。他的童年生活時時處在不安全的狀態。這期

▲在明朝，通過科舉考試，才有做官的機會。

間，是一位年長他十七歲的宮女悉心照顧他長大，因此，他對這位宮女極其依賴，一即位，就封她為貴妃，並且重用她的扈從汪直。這個宮女姓萬，人稱「萬貴妃」。

明朝雖然沿用宋元時期的科舉制，但是開國皇帝朱元璋重新制定了明朝的選官制度，不僅需要通過鄉試、會試、殿試的層層選拔，出題、答題的方式也更加嚴格。為了做官，讀書人必須對「四書五經」了然於胸，還得會寫「八股文」這種特殊的文體，不經苦讀，不可能在科舉考試中脫穎而出，成為朝廷官員。

然而，明憲宗朱見深寵愛的萬貴妃與太監汪直，卻在暗地裡賣官鬻爵——只要付錢，就可以安排官職，這對所有努力讀書的人都不公平！憲宗知道這件事，卻不加制止。不僅如此，憲宗還另外開了一個可以由皇帝直接授官的管道——「傳奉官」，只要是皇帝中意的人選，就可以不需要通過考試及吏部任命。這以

1488年，葡萄牙人迪亞士到達非洲南端好望角

後，工匠、道士、和尚等形形色色的人，都可以直接入朝當官。明朝延續百餘年的選官制度，就這樣打破了。

憲宗即位後，沒收了太監曹吉祥的田地，設為「皇莊」，做為皇家的莊田。他認為這麼做，既懲罰奸宦，又增加皇室收入，兩全其美。然而，風氣一開，就很難遏止。自那以後，藩王、皇親國戚、宦官，爭相請求皇帝賞賜私人田地，權貴階層搶掠土地的行為愈演愈烈，尤其是北京、南京周邊地區，原本以種田為生的農民，成為最大受害者。他們的田地被搶走，卻照樣要上繳繁重的賦稅。憲宗沒有意識到，這些滿足少數人私利的作為，正將明朝引向衰亡之路。

大事記

世界：1470年，摩洛哥北部港市梅利利亞被西班牙佔領

中國：1464年，明朝始設皇莊

中國：1477年，明憲宗設西廠

▲鬥彩瓷上的色彩層次分明，燒製不易。著名的鬥彩瓷器有：
五彩鵝缸杯、五彩雞缸杯、五彩菊花小杯、五彩樹根小杯等。

原來是這樣啊

爭奇鬥豔的鬥彩瓷！

成化年間（明憲宗時期）的瓷器，是水準最高的明瓷，其中最具代表性的就是鬥彩瓷，因為它改變了明朝瓷器原有的彩飾方法。以往的彩瓷，是在泥土上塗色燒製，而鬥彩瓷則是在成型的瓷器上再塗色燒製一次。兩次燒製完成後，瓷器上的彩色層次分明、爭奇鬥豔，所以叫做「鬥彩瓷」。後來，明神宗喜歡鬥彩瓷器，命工匠複製了一批。

吳門畫派

明朝中後期，蘇州地區經濟繁榮，文化藝術發達，富有家庭喜歡購買書法、繪畫藝術品，蘇州一帶的畫家開始活躍起來，作品在貴族之間流傳，逐漸形成一個「吳門畫派」。「吳門」就是指蘇州地區。沈周、文徵明、唐寅（即唐伯虎）、仇英，都是出身蘇州地區的名家，人稱「吳門四大家」。

是時候整治黃河了！

一四八七年，憲宗寵愛的萬貴妃突然患病死去。心情悲痛的憲宗輟朝整整七天。兩個月後，憲宗也因病去世了，他的兒子朱祐樘登基（明孝宗），貶黜那些危害朝廷的官員，重新啟用正直的老臣。

然而，孝宗在位的十八年裡，自然災害異常頻繁，其中最嚴重的就是黃河泛濫。位於山東的黃河堤壩經常發生決口，黃河邊的百姓天天提心吊膽，害怕突發大水。不僅如此，黃河與大運河交界的地方，如果發生洪水，運糧的船舶就無法出航，糧食運不到北方地區，北方百姓就要忍饑挨餓了。看來，徹底整治黃河，無論如何都迫在眉睫！

1498年，葡萄牙人達伽馬首次開闢從歐洲到印度的新航線

1504年，義大利人米開朗基羅完成大理石雕像作品《大衛》

這時候，正在地方任職的劉大夏負責治理黃河水患。可是，他既缺乏水利工程知識，更沒有實際治水經驗。臨危受命，他只好現學現做。兩年間，劉大夏認真研究河工相關資料，又招募地方上有經驗的人，總算想出改變黃河河道的方案：堵塞北直隸(ㄌㄧˋ)和山東境內的幾條黃河支流，並且將黃河的主河道引向東南，沿著淮河入海。

一堵一疏之後，位於山東的黃河堤壩沒有再發生決口，當地百姓總算可以安心生活。這是歷史上有文字記載的第五次黃河大改道，此後幾十年，當地沒再發生黃河水患。

歷史有記載的「黃河大改道」，共有七次。這次的黃河大改道是第幾次呢？

大事記

世界
1492年，義大利人哥倫布首次航抵美洲巴哈馬群島

中國
1495年，有文字記載的黃河第五次大改道完成

▼這一次黃河改道，是以人為方式進行，挖河堤來改變河道。

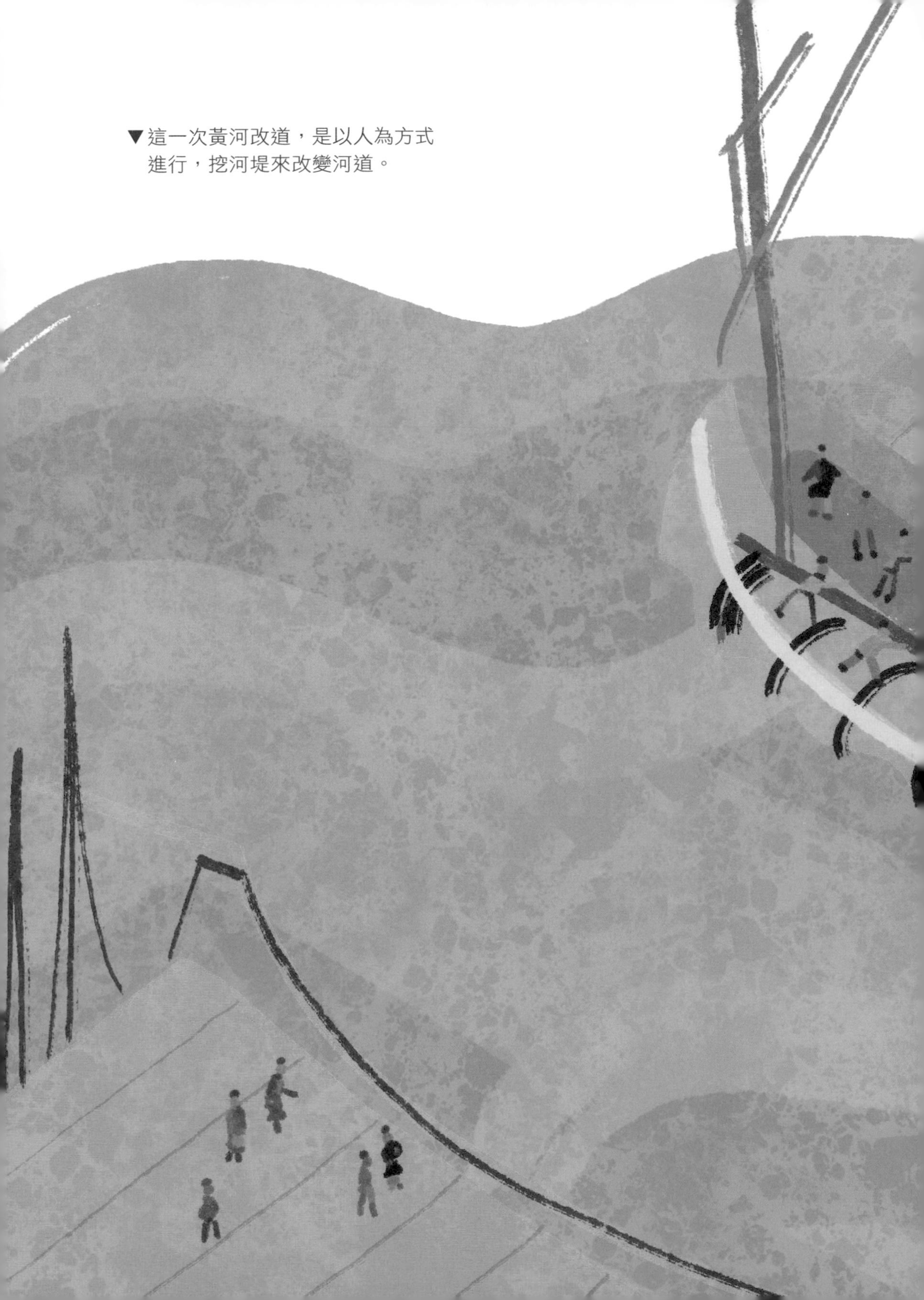

明明是皇帝，卻自封「將軍」！

恪盡職守的明孝宗朱祐樘去世之後，他唯一存活的皇子朱厚照繼承了皇位，成為明朝第十位皇帝，也就是明武宗正德皇帝。

武宗繼位時年僅十四歲，他頭腦聰明，但年輕貪玩，無心治國，寵信整天帶他玩耍的宦官。以劉瑾為首的八名宦官，被人暗地稱為「八虎」，每天盡心為皇帝安排新奇的娛樂活動，讓武宗忙於玩樂。果然，武宗不再關心國事，把朝政都交給劉瑾處理。

霸道的劉瑾

還記得前面提過錦衣衛嗎？劉瑾把持朝廷後，把看不順眼的官員設法趕走，又在皇宮內外安排自己的「耳目」，監控官員與百姓的一言一行。朱元璋執政時期，特務機構只有錦衣衛，到了這時，宮外有錦衣衛，宮內還有東廠、西廠與內行廠。劉瑾設置的內行廠，是其中權力最大的一個機構。皇宮內外，都被劉瑾牢牢掌控，官員、百姓連話都不敢隨便說，一不小心，就可能被關進大牢。

不僅如此，劉瑾經常派宦官向地方強行征稅，中飽私囊，導致百姓連基本的生活都難以為繼。一次，劉瑾照例派宦官到寧夏收取稅款，一些欠稅的百姓被劉瑾的手下逮捕。老百姓終日辛苦勞作，卻繳不起稅款，朝廷不僅不幫助他們渡過難關，還將他們下獄，惹得當地民怨沸騰！這時，受封於該地的皇室——安化王朱寘（ㄓˋ）鐇（ㄈㄢˊ），趁機以懲治劉瑾為藉口，發動叛亂。叛亂很快就被鎮壓，但是，

「八虎」之一的宦官張永，早就看劉瑾不順眼，而平定叛亂的大臣楊一清，曾遭劉瑾陷害，對劉瑾同樣心存不滿，於是二人聯手，在一五一〇年將劉瑾給扳倒了。

做將軍好像很好玩

「劉瑾事件」並沒有讓武宗心生警惕，他照舊不理朝政。但是，一連串小小的叛亂事件，卻讓武宗找到了新的樂趣。他從小就有騎射天分，內心非常嚮往征伐沙場，卻只能關在皇宮。他聽說，武將江彬在鎮壓叛亂的時候，身中三箭，其中一箭刺穿了面頰，然而江彬非常勇猛，自己把箭拔出來，繼續殺敵。此後，擅長打仗的江彬受到武宗寵信。

在江彬鼓動下，武宗寄情於軍事活動。他將戍守北方邊境的

1510年，楊一清、張永設計除掉劉瑾

1517年，馬丁·路德發表《九十五條論綱》

1517年，王守仁推行「十家牌法」

1519年，葡萄牙人麥哲倫開始環球航行

四支軍隊調回北京，又在皇宮裡指揮一群宦官，進行軍事演習。一高興，就親自帶著士兵去北方邊境巡視，樂此不疲。一五一七年，有一次武宗率軍隊巡視邊境，韃靼（ㄉㄚˊ ㄉㄚˊ）五萬騎兵突然來襲。明軍傷亡慘重，但武宗憑藉軍事才能，指揮軍隊擊退韃靼。這場意外的戰役發生在山西應州，被稱為「應州大捷」。

皇帝自封「將軍」

「應州大捷」後，武宗更加熱中巡視邊境。他不治理朝政，卻自封為將軍，不久又自封為鎮國公，成為全國官階最高的人，十分荒謬。幾度巡視北方邊境後，他覺得僅在北方活動還不夠過癮，他還想去江南巡行。一百多位大臣上書反對，武宗這才心有不甘的放棄。但他也狠狠的懲罰了這些上書的官員，有些人被當場打死或

大事記

世界
- 1507年，德國人馬丁·瓦爾德澤米勒繪製第一幅世界地圖
- 1509年，英國國王亨利七世去世

中國
- 1508年，劉瑾設內行廠

打成重傷。不久，寧王朱宸濠在南方起兵叛亂，讓武宗有正當理由南巡，文武百官也不好反對了。他自封為「奉天征討威武大將軍鎮國公」，「命令」自己率兵南下親征。

▼明武宗親自率兵巡視北方邊境。

軍隊出師之前，正在當地剿滅賊盜的大臣王守仁，其實已經平定了叛亂，只不過，捷報還沒送達北京。軍隊走到半路，才獲知寧王叛亂事件已經平定。武宗竟然迫使王守仁更改捷報，以顯示自己率軍出征也有功勞，然後帶著隨行官員一路遊山玩水去了。誰知途中不小心落水，水嗆入肺，回朝後，身體每況愈下，第二年便駕崩了。武宗去世，江彬一黨也迅速被消滅。

成語講堂

「格竹」的故事

平定寧王之亂的王守仁，世稱陽明先生，不僅會帶兵打仗，也是著名哲學家。他十八歲時，接觸到宋朝哲學家朱熹「格物致知」的學說。朱熹說，一草一木都蘊含真理，只要觀察透徹，就可以通曉事物的道理。王守仁特地坐在一片竹林前，試著透過觀察，悟出竹子隱含的道理。結果什麼道理都沒發現。

與朱熹同時代的陸九淵則認為，追求真理的關鍵在自己內心，內心清明，才能通達事理。後人將陸九淵的思想稱為「心學」，朱熹的思想稱為「理學」。後來，王守仁深入鑽研「心學」，使「心學」成為明朝的重要學說。

▲王守仁專心「格竹」。

歷史事件10

「嘉靖」就是「家淨」？

不好惹的新皇帝

明武宗沒有子嗣，也沒有兄弟在世，當時的內閣首輔楊廷和與皇太后商議，以武宗的名義頒布遺詔，讓武宗的堂弟朱厚熜（ㄘㄨㄥ）繼承皇位。朱厚熜從封地出發到京城，歷時三十五天，楊廷和利用這段時間，迅速整頓朝綱，鏟除了江彬一黨，並將武宗在皇宮玩樂的場所全部廢棄，盡力使朝廷恢復正常。

沒想到，年輕的新皇帝一來，就給楊廷和一個「下馬威」。進京第一天，朱厚熜發現，掌管禮儀的官員，並非以迎接皇帝的規格迎接他，而是以迎接皇太子的規格迎接。他認為明武宗遺詔寫的是「嗣皇帝位」，也就是「繼承皇帝之位」，而不是繼承皇太子。於是大隊人馬就停了下來，不再前進。後來在皇太后勸說之下，他才按照皇帝的禮儀登基。而這只是新皇帝與大學士們較量的第一回合而已。

朱厚熜登基，是為明世宗。世宗想儘快確認親生父母的封號，楊廷和等大臣卻堅持規矩，勸說世宗名義上應將伯父、伯母（即明孝宗與他的皇后）當做父母，自己的父母當做叔嬸。世宗不同意，雙方僵持了三年。三年後，世宗坐穩皇位，將自己父母的封號前各加一個「皇」字，以示尊敬。楊廷和深知世宗不會聽從他的勸諫，恐怕難有作為，便請求退休。

隱患再臨

明世宗在位四十五年，前二十年盡力於國事，後期卻沉迷道教，一心追求長生不老，荒怠朝政。他在宮中修煉丹藥，讓大臣穿道袍上朝。皇帝帶頭崇信道教，大臣為了討好皇帝，也紛紛練習寫「青詞」這種專門頌揚道教神仙的文章。當時青詞寫得最好的莫過於嚴嵩了，所以很得世宗寵信，時人戲稱他「青詞宰相」。

嚴嵩受重用，卻並不盡心輔佐世宗治理朝政，而是為己牟利。不論是朝中文官或是戍守邊疆的武將，想要官職升遷，都得向嚴嵩行賄。無德無才的人，成了朝廷大臣，邊防力量也因此削弱，北方的蒙古人、東南沿海的倭寇（日本海盜），嚴重威脅明朝邊境。

倭寇，最嚴重的威脅！

明朝建立以來，就面臨北方蒙古與東南沿海倭寇這兩股勢力威脅。雖然蒙古人不時南侵，但是在歷任皇帝力抗之下，並沒有造成嚴重問題。東南沿海的倭寇，則是趁著明朝海防鬆懈，日漸囂張，

1550年，明末戲曲家湯顯祖出生

1553年，葡萄牙人借口曝曬水浸貨物，進入澳門

1563年，明神宗朱翊鈞出生

造成嚴重威脅。

鄰國日本正處於戰國時期，各方征戰不停。日本內戰中的殘兵敗將以及海盜、商人，為了掠奪財富，覬覦明朝富庶的沿海城市。訓練有素的他們帶著武器，乘船來到中國，與中國的走私商人串通起來，燒殺搶掠。沿海百姓不是他們的對手。一旦倭寇攻破城池，百姓的家產、田宅、性命都不保。

世宗即位以來，倭寇經常侵犯沿海地區。朝廷多次派兵抗倭，都無法根除倭患。一五五六年，浙江、江蘇一帶的抗倭名將胡宗憲，向朝廷推薦很有軍事才能的戚繼光，於是，戚繼光被任命為抗倭主將，負責剿除流竄於浙江寧波、紹興、台州等地的倭寇。

大事記

世界
1534年，西班牙人羅耀拉創立耶穌會
1543年，波蘭天文學家哥白尼的《天體運行論》出版

中國
1529年，王守仁逝世

戚繼光與戚家軍

　　戚繼光一到浙江，便打了一場小小的勝仗，將一群八百多人的倭寇趕走。但是他並不自滿，他擔憂明軍作戰能力太弱，容易臨陣退縮，決定重新招募士兵，嚴加訓練。

　　此時，浙江義烏發生一場農民械鬥，起因是有外地人去當地採礦，當地農民組織起來，把外地人打跑。戚繼光聽說義烏農民如此強悍，趕忙去義烏招兵，很快就招滿了三千名「戚家軍」。

　　戚繼光不僅具備打仗的武勇，更有軍

▶為了打敗倭寇，戚繼光積極訓練士兵。

事家的頭腦，他會根據實際情況設計武器、思考戰術。為了打倭寇，他採用狼筅（ㄒㄧㄢˇ）（又稱狼牙筅或狼牙棒），這種武器像是長槍，上面有多層尖刃形狀的密枝，原是礦工起義軍發明的，他以狼筅搭配「鴛鴦陣」。在隨後的幾年時間，一有倭寇上岸，「戚家軍」就使用這種獨創的武器與戰術，將海盜殲滅。這些經驗都被戚繼光寫入他的軍事著作《紀效新書》。

平定東南沿海倭患之後，戚繼光被調到北方抵禦蒙古入侵，他所鎮守的地方，十六年都沒有蒙古人敢進犯。他有如明朝的長城一般，守護著明朝邊境。

海瑞「備棺上疏」

明世宗沉迷於煉丹、追求長生不老，放任嚴嵩等人敗壞朝綱，國內政事紊亂，邊境又有蒙古人和倭寇頻頻侵擾，百姓苦不堪言。大臣深知情況嚴重，卻沒有人敢於責問皇上。

一五六四年，有個正直的官員海瑞赴京任官，感受到朝中的奇怪氛圍，更感歎皇帝竟昏庸到如此地步，寫下了〈直言天下第一事疏〉，這是歷史上最有名的奏摺之一。在這份奏摺中，海瑞不留情面的一一列出世宗

▼十六世紀末，日本豐臣秀吉發動戰爭侵略朝鮮，明朝出兵援助朝鮮，擊敗日本軍隊。圖為日本軍隊出征朝鮮使用的海船。

的昏庸，並且尖銳批評：「您身為皇上，卻沒有哪件事情辦得好的，簡直是處處失職！老百姓家家戶戶的財產都被搜刮得一乾二淨，您恐怕不知道民間都在流傳『嘉靖』（明世宗年號）就是『家淨』吧！」

看了這份奏摺，世宗雖然羞愧難當，但是也氣急敗壞，打算下令立刻捉拿海瑞，絕不能

▼日本海盜入侵，嚴重威脅明朝邊境安寧，海戰一觸即發。

放過他。身邊的太監回報：「聽說海瑞在上疏之前，就已經買好棺材，安排好喪事了。」這就是史上有名的「備棺上疏」。

世宗把海瑞關入大牢，但一直沒有殺他。不久，世宗駕崩，繼位的穆宗大赦天下，海瑞被釋放，官復原職。

大改革家的悲劇人生！

世宗駕崩之後，穆宗朱載垕在位六年。穆宗在位期間，並沒有做出什麼重大舉措，他就像是個「提線木偶」，先後被內閣首輔徐階、高拱、張居正輔佐，朝政沒有出什麼亂子。像海瑞這樣在嘉靖時期受到不公正處罰的官員，官復原職；曾經擾亂朝綱的道士，被捕下獄；東南沿海的倭患大致肅清，蒙古也與明朝簽下和平協議。

接著，歷史就來到了萬曆一朝。

1581年，英國黎凡特公司成立，
經營地中海東岸的貿易

1582年，義大利傳教士利瑪竇來華

萬曆是明朝興衰分水嶺

穆宗之後是神宗。神宗朱翊鈞是明朝的第二位幼帝，即位時年僅九歲。幼帝即位，總是不可避免會被人操控，年幼的神宗，便是被位高權重的內閣首輔張居正操控。

張居正在嘉靖時期入朝為官，當時嚴嵩擔任內閣首輔，把持朝政，官場黑暗。張居正無法施展，於是稱病辭官回鄉，六年後，他在父親鼓勵下回到朝廷任官，在明神宗時期成為內閣首輔。不僅如此，他還是小皇帝的老師。

年幼的神宗，對老師的話言聽計從，因此，張居正成為所有事務的實際決策者，政治抱負得以施展。他提出定期考核官員的辦法，在全國推行減輕百姓負擔的律法。以十年的時間，將政治導向清明，糧食儲備大增。

大事記

世界
1569年，麥卡托設計出把地球表面繪在平面上的等角正圓柱投影方法

中國
1573年，張居正提出《考成法》
1578年，李時珍寫成《本草綱目》

▲明神宗年幼登基，
朝政被張居正把持。

1609年，荷蘭與西班牙簽訂
十二年休戰協議

1616年，努爾哈赤建立大金政權，史稱「後金」

神宗逐漸長大，開始對張居正的控制感到厭煩！所以，張居正的改革也僅推行了十年。他一去世，神宗就迫不及待的清算他的老師。生前風光無限的張居正，死後卻遭唾罵，他所推行的改革也被迫終止。

皇帝怠政埋惡果

神宗親政之初，兢兢業業、勵精圖治，但是後來為了冊立太子的事情，君臣對立。

由於長子朱常洛是宮女所生，神宗不喜歡他，遲遲不願意立長子為太子。等到他寵愛的鄭貴妃生下了三子朱常洵之後，他試圖「廢長立幼」，但是大臣一致反對。直到朱常洛十九歲，神宗才極不情願的將他立為太子。這就是明朝有名的「國本之爭」事

大事記

世界

1593年，英國愛爾蘭北部爆發反英起義

中國

1587年，戚繼光去世

▶萬曆前期，也曾有過一段太平日子。

件。也正是這件事情，使神宗意識到，看似一國之君的天子，實際上並沒有完全的決策權，這使他徹底消極怠政，居然二十多年不再上朝。

神宗不履行管理國家的職責，影響所及，不論是政治、經濟、軍事，都形成災難。神宗後來生活奢侈揮霍，甚至不顧民生，多次增稅。由「國本之爭」引發的朝廷派系紛爭，一直延續到一六四四年明朝滅亡。

朝堂之外，東北的女真族已然興起，神宗去世時，東北領土已被女真建立的「後金」蠶食大半。這一切，都預示大明王朝即將走到盡頭。萬曆一朝，成為明朝最為兩極化的時期，前期欣欣向榮，後期頹敗衰落。

原來是這樣啊

李時珍《本草綱目》

-李時珍出生於醫學世家。他曾三度參加科舉考試，結果都不理想。於是他決定繼承祖業當醫生。由於從小受到家庭薰陶，加上自己的天分，李時珍以高超的醫術聲名鵲起，被引薦到太醫院擔任醫官。

入京後，李時珍有機會接觸以往看不到的藥材與書籍，眼界大開。但是他也發現這些書籍多有錯誤。於是，他開始著手編寫《本草綱目》，一一核對每一種藥材，耗時三十多年。可惜這本書面世時，李時珍已經去世了。

◀李時珍嘗遍「百草」。

成語講堂

最早的「西學東漸」

明朝中期，歐洲耶穌會有計畫的挑選有學識的傳教士，前來中國傳教。義大利傳教士利瑪竇便是其中一位，他於一五八二年前往澳門，隨後在中國度過後半生。他將西洋的各種新奇物件帶到中國，包括自鳴鐘、棱鏡、擊弦古鋼琴等，吸引中國的官員和雅士，取得他們的信任，而後一步步成為明神宗的座上賓。

在身分得到皇帝認可後，利瑪竇的聲望逐漸傳遍中國，這位機智的外國人，終於使基督教第一次在中國傳播開來。他死後，神宗破例親准他葬在京郊。

利瑪竇發現，透過圖書，更容易在明朝士大夫之間傳播思想。為此，他向明神宗獻上《坤輿萬國全圖》，給中國人帶來第一張世界地圖，又與大臣徐光啟一起把數學家歐基里得的《幾何原本》翻譯介紹到中國。這便是最早的「西學東漸」。

▲洋人利瑪竇將新奇的西洋物件引進中國。

歷史事件12

「國本之爭」曠日持久

萬曆年間，冊立太子的問題，導致朝中長期爭論、對立，即使後來神宗立長子朱常洛為太子，封朱常洵為福王，朝中的紛爭並未就此落幕。朱常洵被封為福王，卻遲遲不去封地，不合禮制。大臣紛紛猜測：莫非福王留在京城，是想伺機取代太子？但是，神宗並不在意臣子們怎麼想。

紛爭又持續了十幾年，直到一六一五年的一個晚上，一個叫張差的人持棍闖入太子寢宮，意圖謀害太子。事情一出，震驚朝野。張差供稱是受福王的母親鄭貴妃身邊的宦官指使。不過，神宗與太子不願擴大事態，沒再追究下去。這就是明末年有名的「梃擊案」。

一六二〇年，神宗駕崩，朱常洛登基，成為明朝第十四位皇帝，是為明光宗，但登基不到一個月，就病倒了。光宗病中服用了兩顆紅色「仙丹」，很快就駕崩了。這一事件，成為明史一大疑案——「紅丸案」。

兩位皇帝相繼駕崩，十五歲的太子朱由校（即明熹宗）繼承皇位。光宗的寵妃李選侍與宦官魏忠賢，看熹宗年少，想趁機把持朝政，控制了熹宗居住的乾（ㄑㄧㄢˊ）清宮，朝臣嘩然。內閣大臣紛紛站在乾清宮外，強逼李選侍移出，這場後宮干政的鬧劇，也就草草收場。

大事記

世界
1621年，荷蘭西印度公司成立

中國
1626年，北京王恭廠大爆炸
1627年，明末農民起義爆發

▼「移宮案」中，李選侍被迫從乾清宮搬到了噦鸞宮。

「東林黨」與「閹黨」

萬曆後期，「國本之爭」紛爭持續幾十年，朝廷形成不同陣營。一派是以顧憲成等江南士大夫官員為主的「東林黨」，另一派則是聯合起來反對東林黨的其他黨派。

顧憲成主張神宗應立朱常洛為太子，然而神宗並不喜歡這個兒子，顧憲成被革職遣返江蘇無錫老家。由於顧憲成為官正直、敢於直諫，聲望很高，返鄉後吸引大批學者、官員慕名拜訪，一時間，無錫的客棧住滿了等著拜見顧憲成的客人。顧憲成因此重修宋朝楊時講道的東林書院，開始講學。這批跟隨顧憲成的人，被政敵稱為「東林黨」。

皇帝不理國事，國家陷入衰敗，東林黨人憂心國事。正如顧憲成所寫的名聯：「風聲雨聲讀書聲聲聲入耳，家事國事天下事事事關心。」

神宗去世後，熬了三十九年的太子朱常洛即位，東林黨彷彿看到一線希望。可惜光宗在位僅一個月，竟然就病死，由年僅十五歲的熹宗繼任。

熹宗非常依賴從小照顧他的乳母客氏，以及宦官魏忠賢。魏忠賢千方百計的投熹宗所好，得到寵信，開始攬權。他控制東廠和錦衣衛，廣收「義子」，結成「閹（ㄧㄢ）黨」。反對東林黨的人，紛紛投入閹黨門下。

大權在握之後，魏忠賢做的第一件事，就是剷除東林黨。他偽造罪名，大肆捕捉東林黨人，下令毀盡天下書院。閹黨勢力強大，東林黨毫無反擊之力，東林書院被拆毀。從內閣到六部，再到地方，都由魏忠賢控制，朝廷已無正直官員立足之地了。此時的魏忠賢，權勢比明朝歷來任何掌權宦官都大，明朝陷入最嚴重的「宦官亂政」。

▼萬曆後朝，朝廷不同派別對立，「東林黨」是其中一派。

▲太監魏忠賢有權有勢，自稱「九千歲」。

原來是這樣啊

《閨範》

呂坤（字叔簡）是明朝萬曆年間進士。他認為並非只有讀書人才能做為社會典範，普通百姓也有很多值得尊敬的典範人物。他編寫了一本《閨範》，書中的女性典範多為平民婦女。這本書風靡一時，供不應求。鄭貴妃看到這本書，堅持要將自己的事蹟加入書中，編成《閨範圖說》。當時宮中「國本之爭」激烈，牽連這本民間「暢銷書」成了「妖書」。

皇族音樂家

明朝皇家子弟，出了一位了不起的音樂家朱載堉。十五歲那年，他不滿父親鄭王朱厚烷被誣陷關押，在宮門外建了一間土屋，一住就是十九年，直到父親被釋放。在這期間，他潛心研究數學、音律，運用精密的數學計算，可能是世界上第一個提出以十二平均律進行轉調的人。

歷史事件13

君王死於社稷！

就在魏忠賢一黨氣焰極盛之時，熹宗病逝，皇位由弟弟信王朱由檢繼承，也就是崇禎皇帝。崇禎皇帝目睹朝廷上下的黑暗混亂，一心想要革除弊政。他快刀斬亂麻的迅速鏟除閹黨，重新啟用東林黨人，朝臣十分欣慰。然而，這個時候的大明王朝，已經如同病入膏肓的病人，回天乏術了。

崇禎皇帝的祖父、神宗朱翊鈞，在萬曆後期，消極怠政二十多年，那個時候，曾建立金朝的女真人，悄悄重新崛起。萬曆一朝結束時，後金已經穩穩佔據了東北大部分地區。建州女真成為其中實力最強的一支，很快就統一女真各部落，建立了「後金」，也就是後來的清朝。

後金將目標對準了風雨飄搖的明朝。等到崇禎即位之時，後金軍隊更是勢如破竹，四次越過長城，直接進入明朝腹地。

另一方面，由於明朝長期陷入荒怠，到了崇禎年間，國家衰敗的情勢，已經很難控制，旱災、寒流、蝗災等災害接連發生，民生困苦，國庫空虛。為了應付東北的軍費開支，朝廷只好不斷增加賦稅。在層層壓迫之下，走投無路的農民，集結成一支支起義軍，試圖推翻統治者以求生。

李自成攻入北京

在全國一片混亂的時候，農民起義軍領袖李自成提出「均田免賦」的口號，贏得農民支持，起義的隊伍迅速壯大。一六四四年，李自成在西安稱帝，定國號「大順」。

正式建國之後，李自成帶領農民軍一路向東，直奔北京。留在北京城的官員、宦官無力抵擋，開門迎降，李自成順利進入明朝皇宮。而崇禎皇帝則在煤山（今北京景山）上吊身亡。

◀明朝最後一位皇帝崇禎帝朱由檢，死於煤山。

1640年，英國資產階級革命開始

1636年，皇太極即位，改國號為「大清」

1644年，朱由檢上吊自殺，明朝滅亡

大事記

世界
1631年，英國數學家哈里奧特發表《實用分析術》

中國
1634年，明朝禮部編撰成《崇禎曆書》

原來是這樣啊

宋應星《天工開物》

宋應星出生於江西，從小聰明好學。二十八歲那年，宋應星與哥哥宋應昇一起參加鄉試，同時考中舉人，傳為美談。然而，兄弟二人後來連考五次會試都沒有考中。

雖然進京趕考名落孫山，但數次長途跋涉卻打開了宋應星的眼界，他感歎著：「我們讀書人平日裡埋頭苦讀四書五經，卻並不知道我們吃的糧食從哪裡來，也不知道我們穿的衣服是怎麼織造的。」於是他萌生寫一本關於農業與手工業科普書籍的想法，四處旅行考證，寫成一本關於「百工技術」的百科全書——《天工開物》，從糧食栽培到船舶製造、寶石開採，無所不包。

▼《天工開物》中
的水轉翻車。

歷史事件14

七零八落的半壁江山！

崇禎皇帝身亡的消息，直到四十多天後才傳到南京。南京的大臣們先是震驚、慌亂，接著緊急商議，決定先確立一位新皇帝，保住南方半壁江山。福王朱由崧，就在這種情況下被推上皇位，定年號弘光。然而，昏庸的弘光皇帝聽信馬士英的話，採取「聯清滅順」的策略，試圖依靠清軍的力量來消滅農民軍。結果，清軍輕而易舉就攻陷南京，弘光政權僅維持一年就滅亡了。

南京陷落之後，又有兩位藩王分別在福州、紹興建立政權，也就是隆武政權、魯王政權。這是明朝第一次出現兩個朝廷並存的局

大事記

世界
1649年，英國下院為審判查理一世設立最高法庭

中國
1662年，鄭成功收復臺灣
1682年，顧炎武去世

▼圖為紫禁城的坤寧宮屋頂。紫禁城的宮殿屋頂大多有小獸，皇帝登基的太和殿屋頂有十個小獸，宮殿等級越低，小獸數量越少。坤寧宮是明清皇后的宮殿，屋頂有七個小獸。

面。清軍很快就打到南方，這兩個政權也隨之結束。

後來，更南邊的兩廣地區，又出現永曆朝廷和紹武朝廷，分別佔據肇慶、梧州。這兩個朝廷似乎忘記共同的敵人——清軍，互相鬥得不可開交。待清軍殺到兩廣地區時，紹武皇帝直接被清軍殺害，永曆皇帝則幸運逃到緬甸。一六六二年，降清的將領吳三桂帶兵趕到緬甸，捉到永曆皇帝，將他帶回昆明處死。南明的最後一個政權，隨著永曆皇帝遇害，宣告滅亡。

在南明政權一一滅亡的過程中，有一支力量卻暗自發展壯大。這支力量的領袖名叫鄭成功，他後來建立的政權，被稱為臺灣鄭氏政權。

鄭成功的父親鄭芝龍，早年是福建一帶的海盜兼商人，實力雄厚，引起官府注意，希望他能歸順朝廷。鄭芝龍認真考慮後，決定接受招安，成為手握重權的福建總兵。

不久，清軍追著殘餘的明朝勢力來到福建。鄭芝龍認為，一旦與清軍交手，恐怕官位與性命都無法保全，不如主動投降。但是，清軍並沒有因此給他好處，反而將他捉了起來。

很快，清軍就打到福州，鄭成功的母親在戰亂中身亡。父親被捉，母親死於戰亂，從小在軍營長大的鄭成

▶ 清軍水師進攻臺灣鄭氏。

功，決心與清軍對抗到底！

鄭成功帶著少數部下，以金門為據點，沒過幾年，就攻佔了閩南，又從清軍手中奪回廈門。但是，金門和廈門地方狹小，資源不足，實在難以支撐長期的戰爭。而與福建一海之隔的臺灣及澎湖列島就不同了，不僅資源豐富，而且不善水戰的清軍難以進攻，對鄭成功來說，是理想的基地。

不過，這時候臺灣有荷蘭人掌控，要奪島並不容易。正當鄭成功猶豫不定時，有人進獻了一張荷蘭人在臺灣的軍事防衛地圖給他。這張地圖發揮了關鍵作用，幫助鄭成功順利登陸臺灣。

正如鄭成功所料，清廷得知他佔據臺灣後，並不敢輕易進攻。接下來，鄭成功便開始經營臺灣、澎湖，鼓勵百姓屯田墾荒和進行海外貿易。鄭成功去世後，他的兒孫繼續以臺灣為據點，又過了二十年。

一六八二年，清朝統治已經穩固，開始全力進攻臺灣。第二年，鄭成功的孫子鄭克塽投降，「明鄭」政權瓦解，最後一支抗清勢力覆滅了。

歷史事件15

明朝，古典小說的「黃金時代」

宋朝流行說書，說書人說的都是一些發生在帝王將相、英雄好漢和尋常百姓身上的傳奇故事，很有意思！可惜的是，它是一種口頭文學，說書的人只會保存簡單的底本，也就是故事的提綱，宋朝人稱為話本。等到下次要講故事的時候再臨場發揮、臨時創作。到了明朝，有人整理這些底本整理，再加上自己的想像，成為長篇或短篇小說。

《三國演義》

《三國演義》是中國第一部長篇歷史章回小說。章回的意思就是按照章節來講故事，這種小說體例在明朝正式形成。

這部小說，講述東漢末年群雄的割據混戰，魏、蜀、吳三國之間的政治軍事鬥爭，以及西晉建立的故事。其中一些故事情節，在唐朝時候已經廣為流傳。明朝羅貫中結合民間傳說、戲曲和話本，參照史料，改寫為小說。清朝時，經過小說家毛宗崗重新修訂，成為現在流傳的版本。

張飛
《三國演義》劉備
關羽

《水滸傳》

《水滸傳》是民間流傳的農民起義故事：北宋末年，官逼民反，一百零八位好漢在梁

成語講堂

逼上梁山

《水滸傳》的主角林沖，原本是八十萬禁軍教頭，因為當朝太尉的乾兒子看上他的妻子，就設計陷害他，將他發配滄州，途中又兩次派人暗殺。林沖被逼得走投無路，於是在一個雪夜投奔梁山，當了土匪。

「逼上梁山」的意思，就是被迫做出自己不想或者不應該做的事。

山揭竿起義。傳說這一百零八將的前身，都是被道教傳人張天師鎮壓在龍虎山伏魔殿的星君，也就是主宰各個方位的神明。後來他們逃出轉世，看見宋朝腐敗，於是集結在梁山這個地方，齊心對抗朝廷。

明朝施耐庵將這個故事改寫為小說，很受歡迎。清朝康熙皇帝、乾隆皇帝都曾下令焚毀，以免老百姓效法反抗朝廷。儘管如此，《水滸傳》仍在民間廣為流傳。

《西遊記》

《西遊記》是中國第一部長篇神怪小說，故事取材自唐朝高僧玄奘隻身去印度取經的歷史。宋人將這段歷史改編成唐僧、孫悟空、沙僧一同取經的故事。元朝又在故事中增加了豬八戒，變成師徒四人一同取經。明朝的小說家吳承恩重新改寫為現在的版本。師徒四人一路降妖除魔，歷經九九八十一難，終於到達西天，見到如來佛祖，取得真經。

《西遊記》唐僧師徒

原來是這樣啊

徐霞客

《徐霞客遊記》

徐霞客出身江蘇的書香世家，他的父親是位耿直孤傲的文人，不喜做官，也從不與朝廷官員打交道，唯一愛好就是遊山玩水，經常帶他四處旅遊，很少待在家裡。受到父親影響，徐霞客嗜讀歷史、地理、遊記。

二十多歲時，徐霞客展開壯遊，獨自遊歷全國各地。不知不覺，三十多年過去，足跡踏遍大半個中國！徐霞客每到一個地方，都會寫下實際踏查的紀錄。後來，人們將他的遊記整理成《徐霞客遊記》，其中有許多重要的地理知識，比如關於岩溶地貌（即喀斯特地貌）的紀錄。

▼明朝「旅行達人」徐霞客。

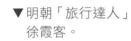

《封神演義》

著名的神怪小說《封神演義》，取材武王伐紂、商周易代的歷史事件，以宋朝的說書話本為基礎，注入豐富的神怪想像。作者不明，有一種說法是明朝的許仲琳。

在這個故事裡，人間分為武王和紂王兩派，天上也分為兩派。

一派是代表正義的神仙，支持武王。另一派是代表邪惡的修煉得道的動物，支持紂王。兩派互相鬥法鬥寶，最後紂王失敗，自焚而死。姜子牙將雙方戰死的重要人物都封為神仙。

「三言」與「二拍」

明朝馮夢龍搜集了許多民間故事的短篇話本，將它們整理成書，分別是《喻世明言》、《警世通言》、《醒世恒言》，也就是流傳甚廣的「三言」。在馮夢龍的啟發之下，淩濛初創作了《初刻拍案驚奇》、《二刻拍案驚奇》兩本短篇白話小說集，合稱「二拍」。

這五本書內容水準參差不齊，一位署名「抱甕老人」（真名不詳）的人，精選其中四十篇，彙編成《今古奇觀》一書。到了清朝，「三言」、「二拍」一度失傳，《今古奇觀》卻廣為流傳。

原來是這樣啊

戲曲「臨川四夢」

明朝最著名的戲曲家是湯顯祖，他創作了四部講述夢境的戲曲，被稱為「臨川四夢」，分別是《紫釵記》、《還魂記》、《南柯記》、《邯鄲記》。其中湯顯祖最滿意的是《還魂記》，也就是有名的《牡丹亭》。

故事的女主角杜麗娘，是宋朝一位太守的女兒，有一天，她在花園散步、小憩，不小心睡著了。睡夢中，她偶遇長相俊秀的書生柳夢梅。夢醒之後，杜麗娘發現書生不知所蹤，從此患上了相思病，每天茶不思飯不想，最終因病去世。臨死之前，杜麗娘請求家人將自己葬在梅花庵，並在庵內放一幅她的自畫像。轉眼間，三年過去，柳夢梅進京趕考，正巧投宿梅花庵。當他見到杜麗娘的畫像後，心生愛慕。於是，他找到了杜麗娘的墳墓。挖開墳墓的一瞬間，杜麗娘竟死而復生。

歷史就是這樣演進的！

這部歷史從夏朝開始說起，這是因為在此之前有關三皇五帝等傳說，由於缺少歷史證據，往往被視為神話。

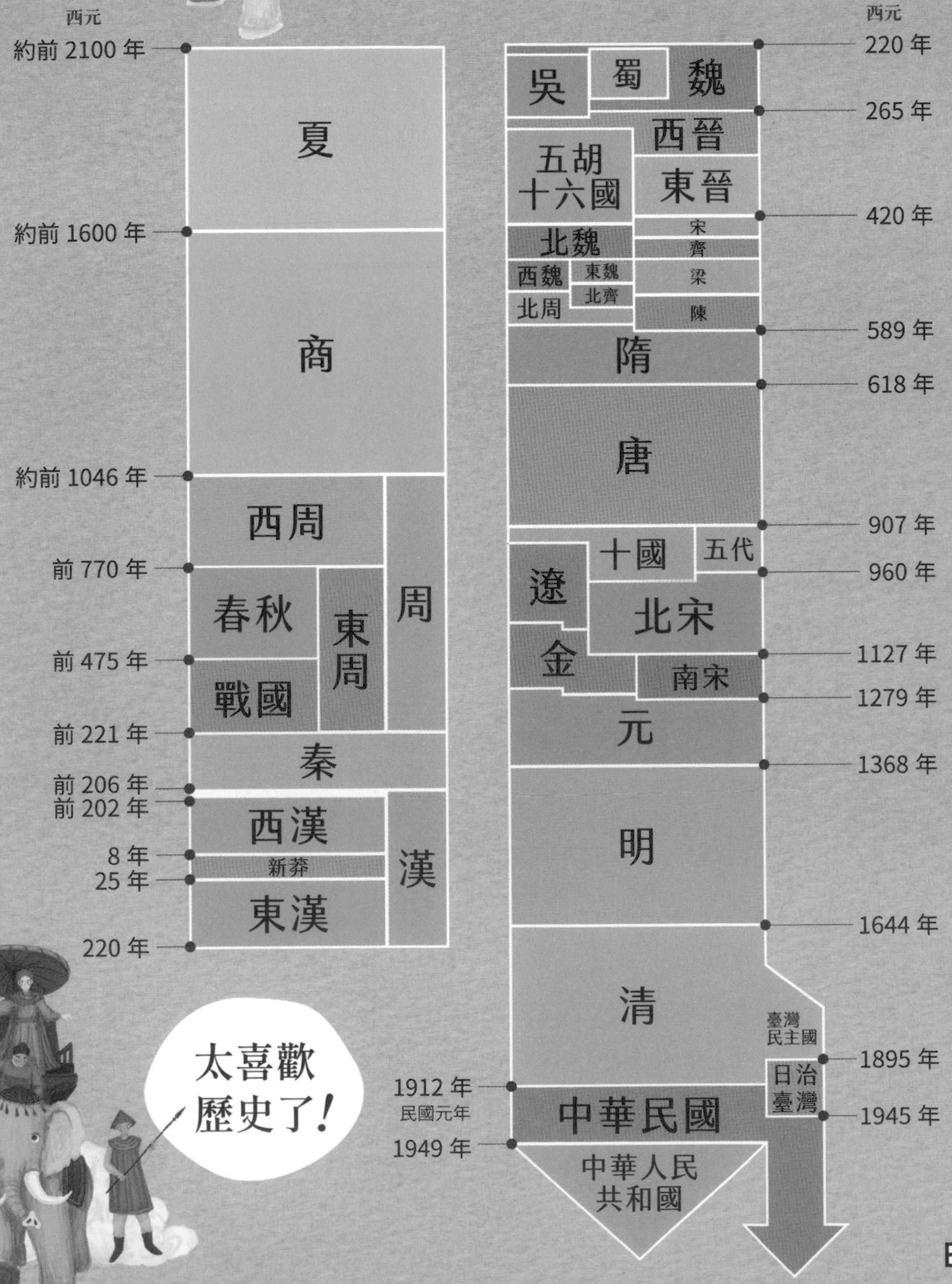

字畝

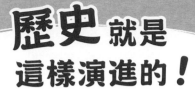

歷史就是這樣變化的！

歷史上，每個時代的疆域面積、統治族群，以及國都所在位置，都不斷的變化。而「統一」往往就是「分裂」的開始，分分合合是歷史常態。領土、統治族群、生活方式，也必然隨著時代演進，持續變動。歷史就是一部人類生存的變動史。

朝代		都城	現今地	統治族群	開國
夏		安邑	山西夏縣	華夏族	禹
商		亳	河南商丘	華夏族	湯
周	西周	鎬京	陝西西安	華夏族	周武王姬發
	東周	雒邑	河南洛陽	華夏族	周平王姬宜臼
秦		咸陽	陝西咸陽	華夏族	始皇帝嬴政
漢	西漢	長安	陝西西安	漢族	漢高祖劉邦
	新朝	常安	陝西西安	漢族	王莽
	東漢	洛陽	河南洛陽	漢族	漢光武帝劉秀
三國	曹魏	洛陽	河南洛陽	漢族	魏文帝曹丕
	蜀漢	成都	四川成都	漢族	漢昭烈帝劉備
	孫吳	建業	江蘇南京	漢族	吳大帝孫權
晉	西晉	洛陽	河南洛陽	漢族	晉武帝司馬炎
	東晉	建康	江蘇南京	漢族	晉元帝司馬睿
南北朝	南朝 宋、齊、梁、陳	建康	江蘇南京	漢族	宋武帝劉裕等
	北朝 北魏、東魏、西魏 北齊、北周	平成 鄴 長安	山西大同 河北邯鄲 陝西西安	鮮卑 漢族 匈奴等	拓跋珪、元善見 宇文泰等
隋		大興	陝西西安	漢族	隋文帝楊堅
唐		長安	陝西西安	漢族	唐高祖李淵
五代十國		汴、洛陽 江寧等	開封、洛陽 南京等	漢族	梁太祖朱溫等
宋	北宋	汴京	河南開封	漢族	宋太祖趙匡胤
	南宋	臨安	浙江杭州	漢族	宋高宗趙構
遼		上京	內蒙古	契丹族	遼太祖耶律阿保機
金		會寧	黑龍江哈爾濱	女真族	金太祖完顏阿骨打
元		大都	河北北京	蒙古族	元世祖忽必烈
明		應天府	江蘇南京	漢族	明太祖朱元璋
清		北京	河北北京	滿族	清太宗皇太極

註：限於篇幅，本表不含各朝代後續遷都詳情。

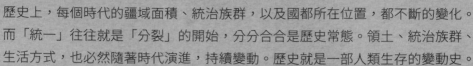

國家圖書館出版品預行編目（CIP）資料

太喜歡歷史了：給中小學生的輕歷史. 9, 明 / 知中編委會作.
-- 初版. -- 新北市：遠足文化事業股份有限公司字畝文化出
版：遠足文化事業股份有限公司發行, 2022.02
面；　公分
ISBN 978-626-7069-46-2（平裝）
1.CST: 中國史 2.CST: 通俗史話
610.9　　111000594

太喜歡歷史了！給中小學生的輕歷史⑨明

作　　者：知中編委會

字畝文化創意有限公司
社　　長：馮季眉
責任編輯：徐子茹
美術與封面設計：Bianco
美編排版：張簡至真

出版：字畝文化／遠足文化事業股份有限公司
發行：遠足文化事業股份有限公司（讀書共和國出版集團）
地址：231新北市新店區民權路108-2號9樓
電話：(02)2218-1417　傳真：(02)8667-1065
客服信箱：service@bookrep.com.tw
網路書店：www.bookrep.com.tw
團體訂購請洽業務部 (02) 2218-1417 分機1124
法律顧問：華洋法律事務所 蘇文生律師
印　　製：凱林彩印股份有限公司

2022年 2月　初版一刷　2024年7月　初版六刷
定價：350元　書號：XBLH0029
ISBN 978-626-7069-46-2